Bergedorf – das waren noch Zeiten!

Ich widme diese Seite meinen Zeitzeugen und meiner Familie, ohne die dieses Buch nie erschienen wäre.

Erinnerungen sind es wert erhalten zu werden!

Ronald Hartmann

Bergedorf, das waren noch Zeiten

Bibliografische Information der Deutschen Nationalbibliothek:
Die Deutsche Nationalbibliothek verzeichnet diese Publikation in der Deut-
schen Nationalbibliografie; detaillierte bibliografische Daten sind im Internet
über http://dnb.dnb.de abrufbar.

© 2013 Name des Autors/Rechteinhabers **(Ronald Hartmann)**

Illustration: **Ronald Hartmann**

Herstellung und Verlag: BoD – Books on Demand, Norderstedt

ISBN: 978-3-7322-3490-5

Impressum

Oh nein, nicht noch ein Bergedorf-Buch! Bist Du sicher, dass Du Dir das antun willst? Was ist denn über Bergedorf noch nicht geschrieben worden? Willst Du die Geschichte neu erfinden?

Jaja, viele solcher Kommentare wurden mir entgegengebracht, aber was ich mir einmal in den Kopf setze, möchte ich auch gerne umsetzen.

Mein Name ist Ronald Hartmann, 59er Jahrgang, alter Lohbrügger, verheiratet und seit 30 Jahren an der Geschichte Bergedorfs interessiert. In dieser Zeit hat sich einiges an Material angehäuft und ich hatte die Idee, dieses der Öffentlichkeit zugänglich zu machen.

Nachdem ich im Oktober 2012 mein erstes Buch „Malta ist nicht Malle – der etwas andere Reiseführer" erfolgreich veröffentlichen konnte und ich meine Lust am Schreiben entdeckte, sollte das neue Buchprojekt nicht lange auf sich warten lassen. Außerdem keimte in mir eine Idee, die mich schon lange irgendwie faszinierte. Ein Buch über Bergedorf.

Klar, zu einem Buch über Bergedorf gehören alte, historische Bilder und Postkarten, sowie geschichtliche Daten und Beiträge. Davon werden Sie, liebe Leserinnen und Leser, in diesem Buch genügend finden, aber wirklich etwas Neues? Vielleicht – lassen Sie sich überraschen.

Ich möchte auf diesem Weg versuchen, alte Erinnerungen am Leben zu erhalten, denn nichts ist schlimmer als das Vergessen.

Bergedorf Sachstand

Womit fängt ein Bergedorf-Buch in der Regel an? Stimmt, mit einem geschichtlichen Rückblick, über den Grafen von Orlamünde und der ersten urkundlichen Erwähnung von „Bergenthorpe" im Jahre 1162.

Doch ich möchte mit der „Neuzeit" beginnen, mit dem „Ist und Jetzt"! Der Bezirk Bergedorf hat insgesamt 14 Stadtteile auf einer Fläche von etwa 154,8 Quadratkilometern, mit 121.053 Einwohner (Stand 2011) und 57.620 Privathaushalten (Stand 2010).

Bergedorf hat mit seinen Stadtteilen aktuell circa 121.000 Einwohner, ist also fast eine Kleinstadt.

Bergedorf hat sich bisher eigentlich dadurch ausgezeichnet, dass es anders ist als andere Stadtteile Hamburgs. Bergedorf hat eine Altstadt (zu mindestens was noch davon übrig ist), einen Hafen, ein Schloss und ein großes Einzugsgebiet. Was bietet Bergedorf seinen Einwohnern, was macht Bergedorf interessant und warum sollten Besucher nach Bergedorf kommen? Was macht Bergedorf einzigartig und zum Kundenmagnet?

Ganz ehrlich? Aktuell sehr wenig oder auch: .....Nichts, was es nicht in anderen Hamburger Stadtteilen auch gibt!!

Ja, es gibt noch solche Träumer wie mich, die sich über viele Geschäfte in der Fußgängerzone freuten, eine Branchenvielfalt, über die sich Alt und Jung begeisterten und sich gerne zu einem Einkaufsbummel in Richtung Penndorf verabredeten.

Schlachter, Fischläden, Fachgeschäfte fehlen zu einem großem Teil in der Innenstadt. Bäckereien, Handyshops, Frisöre, 1 Euro Shops, Döner-Läden und ähnliches, was auf die heutige Ex- und Hopp Gesellschaft pass, bestimmen das Stadtbild. Ach ja, wir haben einen neuen Bahnhof und ein „neues" Citycenter, aber fühlen wir uns dadurch heimischer und wohler, wenn durch das City-Center die Kleinläden in der Fußgängerzone kaputt gehen, weil die Laufkundschaft wegbleibt und die Ladenmieten sich astronomisch erhöhen? Bergedorf möchte vielleicht „Hipp" und „modern sein", aber ist es das, was die Bürger wollen oder wollten? Ich ziehe gerne Vergleiche zu Lüneburg, der alten Salzstadt in unmittelbarer Nähe zu Bergedorf! Ich glaube, dass die Lüneburger ganz froh sind, nicht die Entwicklung Bergedorfs erlebt zu haben und sie erfreuen sich nach wie vor an ihrem tollen Stadtbild und dem historischen gemütlichen Flair.

Ich dachte mir, in meinem Buch verschiedene Personen und Generationen mit Ihren Erinnerungen und Empfindungen zu Wort kommen zu lassen um die „schöne alte Zeit" zu beschreiben.

Ich selbst habe lange dazu gebraucht, die betreffenden Personen dazu zu bringen, mir ihre Erinnerungen aufzuschreiben oder im Interview mitzuteilen – „Wen interessiert das denn schon", war oftmals die Frage?

Mein unschlagbares Argument war, dass die Erinnerungen, die gelebte Geschichte, irgendwann nicht mehr da ist, weil sie mit den interviewten Zeitzeugen vergeht. So ist es vielleicht eine Möglichkeit, diese spannenden Geschichten nicht nur den älteren, sondern auch den jüngeren Bergedorfern näher zu bringen, weil auch diese irgendwann vielleicht ihre Geschichte erzählen wollen.

Kommen wir einmal zu meinem ersten „Interviewpartner":

Bergedorf Erinnerungen

Ich bin am 02.01.1931 als eines von drei Kindern meiner Mutter in Bergedorf geboren. Meine Jugend verbrachte ich bis 1937 in der Heinrichstrasse 22, Eingang 1, die später in Klosterhagen umbenannt wurde. Wir, drei Kinder und meine Eltern, wohnten im Erdgeschoss. Unsere Nachbarn waren die Familien Mundt und Kuhlmann, in der ersten Etage wohnten die Familien R. und B. und in der zweiten Etage die Familien Röhrig und Glück. Im Hinterhof hatten wir unseren kleinen „Bauernhof für Arme", indem wir jedes Jahr ein Schwein mästeten. Fleisch war in der Zeit keine Selbstverständlichkeit und wir waren froh, unser Schwein zu haben und taten alles, um es vor anderen hungrigen Fleischliebhabern zu bewachen.

Früh kam ich unerfreulich mit den damaligen politischen Gegebenheiten in Kontakt. Als kleines Kind bleiben unschöne Erinnerungen natürlich noch mehr haften und prägen ein für das künftige weitere Leben.

Mein Vater war Kriegsversehrter des 1. Weltkrieges (er verlor bei Verdun ein Bein), „Sozi" und nicht auf dem Mund gefallen.

Über uns wohnten „Nazis" und mein Vater war bei einer befreundeten Familie, die ebenfalls in der ersten Etage wohnte zu Besuch. Meine Mutter rief ins Treppenhaus:

„Carl, kommst Du, das Essen ist fertig."

Während mein Vater sich auf seinen Krücken oben in Bewegung setzte kamen auch die „Nazis" aus ihrer Wohnung, bepöbelten meinen Vater als „Sozischwein" und warfen ihn die Treppe runter. Ich war damals sechs Jahre alt und werde dieses Bild nie wieder vergessen. Ich konnte nicht begreifen, wie solche „Menschen" einen Kriegsversehrten und Schwerbeschädigten, der für sein Vaterland sein Bein verlor, so quälen konnten.

Kurze Zeit nach diesen Zwischenfall zogen wir mit der ganzen Familie auf den Gojenberg, wo ich den Großteil meiner weiteren

Kindheit verbrachte. Meine Kindheit war geprägt davon, dass mein Vater viele Sachen mit mir und meinen Geschwistern auf Grund seiner Behinderung nicht machen konnte. Fußballspielen, Wanderungen und ähnliches war mit meinem Vater natürlich nicht möglich und früh musste mein Bruder und ich auch zusätzliche Pflichten übernehmen. Zu unserem neuen Zuhause gehörte auch ein 200 qm großer Nutzgarten um den ich mich größtenteils kümmern musste.

Somit war die Kindheit schon früh von Verantwortung und Pflichten geprägt, aber auch spannend. Mit meiner Mutter bin ich oft mit dem Blockwagen und einer Säge in das Bergedorfer Gehölz gegangen und wir haben manchen Baum gefällt. In den dreißiger und vierziger Jahren des vorherigen Jahrhunderts (muss man mittlerweile ja sagen) war der Gojenberg auch noch eine grüne Lunge, mit viel Baumbestand und tollen Spielmöglichkeiten (ja, das Spielen kam trotz der Pflichten auch nicht zu kurz).

Zum Heizen wurde aber nicht nur das Holz benötigt sondern auch Kohle.

In der Nacht machten wir uns des Öfteren auf zum Kohle klauen (wird wohl nach den vielen Jahren verjährt sein) nach Tiefstack zum Güterbahnhof. Die Güterzüge fuhren im Güterbahnhof beim Rangieren sehr langsam, sodass wir von einer Brücke, unter der der Zug durchfuhr, aufspringen konnten. Unsere mitgebrachten

Säcke füllten wir schnell mit Kohlestücken und warfen sie dann vom Zug und sprangen hinterher. Hierbei gab es leider oftmals böse Verletzungen und es war nicht ungefährlich. Unsere „Raubzüge" mussten zwischen Tiefstack und Rothenburgsort durchgeführt und beendet werden, weil wir später nicht mehr vom Zug gekommen wären. Wir sammelten dann die Säcke am Bahndamm auf und fuhren mit dem Fahrrad, beladen mit den Kohlesäcken, zurück.

„Wir", das war eine Gruppe von Jungen, die sich oft zum „Organisieren" trafen. Wir kannten uns alle aus unserem Sportverein (Boxabteilung). Für uns war es kein Diebstahl, sondern die Grundlage des Überlebens der Familie.

Eines Nachts waren wir wieder mit unserer Gruppe unterwegs und trafen in Tiefstack auf eine andere Gruppe von Jungen. Diese waren aber nicht auf Kohle aus, sondern wollten Milchpulver stehlen. Sie hatten einen offenen Waggon entdeckt und ihre Säcke bereits mit dem Pulver gefüllt. Die Versuchung war für uns natürlich groß, aber der Älteste fuhr uns an:

„Finger weg, wenn wir dabei erwischt werden geht's uns richtig an den Kragen. Das wird als schweres Verbrechen geahndet!"

Wir gehorchten und blieben bei unseren „Leisten" (Kohlen)!

Auf dem Weg zurück nach Tiefstack ertönte auf einmal ein Pfiff und wir wurden von der Bahnpolizei umzingelt. Wir wurden nach Billstedt zur Wache gefahren und dort verhört. Es dauerte sehr lange bis ich von Billstedt wieder am Gojenberg eintraf. Es war schon wieder früher Morgen und ich war bis auf die Knochen durchgefroren. Puh, das war knapp gewesen aber trotzdem in der damaligen Kriegzeit zwingend notwendig, um das Wohlergehen der Familie zu sichern. Fünf Personen hatten es schwer, von einem Verdienst von meinem kriegsversehrten Vater zu leben.

Später erfuhr ich, dass nicht nur unsere Gruppe von der Bahnpolizei erwischt wurde, sondern auch die Gruppe mit dem Milchpulver. Diese wurde von der Militärpolizei übergeben und ich kann leider nicht sagen, was aus ihnen geworden ist.

Kriegsspiele

Doch um das nicht falsch zu verstehen, bestand meine Kindheit nicht nur aus „besorgen und organisieren", sondern auch aus spielen. Fußball, Boxen, Kippel-Kappel und Krieg gegen andere „Banden" zu führen. Wir Jungen vom Gojenbergsweg führten „Krieg" gegen die Jungs von der Brunnenstrasse (heute Rothenhauschaussee). Das Ziel war es, die sogenannte „Hexentreppe" einzunehmen. Der Gojenberg war über die Hexentreppe mit der Brunnenstrasse verbunden.

Am Ende der Hexentreppe hatte meine Cousine Gretel und ihr Ehemann Otti ein Milchgeschäft. Meine Eltern schickten mich häufig hinunter zum Milchholen. Ich musste allerdings jedes Mal darauf achten, nicht der Bande aus der Brunnenstrasse zu begegnen.

Die „Brunnenstraße-Bande" bekam natürlich durch ihre Späher mit, dass ich wieder unterwegs war und sie fingen mich ab und verschleppten mich in die Berge am Elbgeesthang. Dort banden sie mich an einen Baum und verschwanden. Am Nachmittag wurde ich von einem Spähtrupp meiner Freunde entdeckt und befreit. Unsere Rache war natürlich fürchterlich und ließ nicht lange auf sich warten. Man sah sich immer zwei Mal im Leben!

Aber das Milchholen war künftig für mich erledigt.

Hinterhofromantik am Gojenberg

Brunnenstrasse

Hungerjahre

Wie gesagt, die Kinderzeit war ausgesprochen intensiv, weil wir uns noch über Kleinigkeiten freuen konnten, aber auch von Pflichten geprägt.

Während des Krieges war oft „Hunger schieben" angesagt, gerade bei größeren Familien wie bei uns. Der Begriff Familie war aber deutlich größer ausgeprägt als in der heutigen Zeit. Jeder half jedem und gab buchstäblich sein letztes Hemd für den Anderen. Teilen war angesagt.

Am Gojenberg wohnten wir schon beengt, aber nachdem in Dresden meine Tante mit ihrer Familie ausgebombt wurde, zogen diese auch bei uns ein. Wir rückten halt ein wenig mehr zusammen. Meine Tante Emmy mit Kurt und Marlu und Onkel Rasch wurden erst in Rothenburgsort ausgebombt, evakuierten dann nach Dresden und kehrten nach der Zerbombung von Dresden zurück nach Hamburg. Wir hatten nur eine 2 ½ Zimmer-Wohnung, im ½ Zimmer wohnte auch noch meine Oma „Hamburg", die Mutter meines Vaters.

Die drei Keller (Waschküche und zwei kleinere Keller), die zu unserer Wohnung gehörten, mussten wir 1942 als Luftschutzkeller umbauen. Die Fenstereinstiege wurden mit Betonplatten gesichert, ein Ofen musste eingebaut werden und der Keller mit

Etagenbetten, Stühlen und Tischen eingerichtet werden. Dort haben die vier dann gelebt, bis sie selbst eine Wohnung gefunden hatten.

Das Eintopfgericht erzieht Eure Kinder zur Volksgemeinschaft.

Propaganda aus den 30er Jahren

Die Verpflegungssituation wurde dadurch natürlich nicht einfacher, sodass wir Richtung Vierlanden zum „Kartoffel nachhacken" fuhren. Hierbei wurde, nachdem der Bauer seine Kartoffeln geerntet hatte, der Rest, der nicht geerntet wurde oder für nicht gut befunden wurde, aufgesammelt oder halt nachgehackt. Es gab Bauern, die mit Rücksicht auf den Hunger der Bevölkerung, tatsächlich weniger gründlich ernten als andere Bauern.

Typische Essen waren damals zum Beispiel auch Wurstbrühe vom Schlachter aus Wentorf, denn Fleisch war nicht selbstverständlich. So hatten wir wenigstens den Geschmack vom Fleisch. Auch rohe Steckrübenscheiben mit Senf waren ein beliebter „Snack"!

Kohlrübensuppe

ist besonders von den Schalen der Kohlrübe zuzubereiten; diese werden mit Zwiebel, Majoran oder Kümmel gekocht, durch ein Sieb gestrichen, mit Kartoffeln sämig gemacht oder mit etwas Braunmehl oder Graupen oder Grützen verdickt.

Der Krieg hatte Bergedorf von Bombenangriffen verschont. Vereinzelt gab es Notabwürfe z.B. in der Justus Brinkmann Strasse, wo ein Haus zerstört wurde.

Eine „Lightning" wurde von der Sternwarte unter Beschuss genommen und abgeschossen. Die Maschine flog brennend im Tiefflug direkt über mich hinweg. Die Besatzungsmitglieder retteten sich mit Fallschirmen aus der Maschine, die kurze Zeit später abstürzte. Es ging damals das Gerücht herum, dass ein Bergedorfer Kohlenhändler einen der Besatzungsmitglieder totgeschlagen hat. Dieses wurde aber mit dem folgenden Zeitungsartikel 45 Jahre später richtiggestellt und das damalige Gerücht ist somit falsch gewesen..

Quelle: BZ vom 23./24. September 2000.

Bergedorf 23./24. September 2000

Flieger-Opa traf die Halifax

Rätsel um den Abschuss des Bombers geklärt: Düsenjäger-Pilot gefunden

Willi Strübing, damals 53, saß am Steuerknüppel der Me 262. Es war bereits sein 25. Abschuss.

Von Ulf-Peter Busse

Boberg. Der Abschuss des kanadischen Halifax-Bombers über Boberg geht auf das Konto eines Bergedorfers: Es war Fluglehrer Willi Strübing, der am Oster-Sonnabend 1945 den linken Außenmotor des Riesen in Brand schoss und so die Besatzung zum Aussteigen zwang. Der Bomber schlug, wie berichtet, am östlichen Zipfel des Boberger Segelflug-Geländes auf.

Strübing, mit 53 Jahren daschon Flieger-Opa und in der Straße Hinterm Graben zu Hause, saß am Steuer einer Me 262, des ersten vom Militär eingesetzten Düsenjägers. Gemeinsam mit den Piloten des Jagdgeschwaders 7 aus Kaltenkirchen war er aufgestiegen und schoss neben der Halifax einen weiteren Bomber über Horn ab. Insgesamt verloren die Angreifer elf Maschinen.

Der 1973 verstorbene Strübing sollte für seinen 24. und 25. „Abschuss-Erfolg" das Ritterkreuz bekommen – wie ein Schreiben belegt, das sein Enkel bis heute besitzt.

„Sagenhaft, dass es gelungen ist, diesen Piloten ausfindig zu machen. Das ist wie eine Stecknadel im Heuhaufen", jubelte Historiker Gerhard Bracke, der sich auf Bitten des kanadischen Bomber-Piloten Kenneth Blyth gemeinsam mit der „bz" auf die Suche nach Zeugen des damaligen Absturzes gemacht hatte.

Blyth war es vor 55 Jahren gelungen, seinen Bomber so

Bomber-Wrack als Spielplatz für Kinder. So wie auf diesem Foto von einer am Weidenbaumsweg 1943 niedergegangenen Halifax ist es zwei Jahre später in Boberg zugegangen. Foto: Archiv Lembke

lange in der Luft zu halten, bis alle sieben Besatzungsmitglieder mit dem Fallschirm absprungen waren.

An ihr Schicksal am Boden konnten sich nach den „bz"-Artikeln vom Juli und August noch zahlreiche Menschen aus Bergedorf und Umgebung erinnern: Dr. Gerhard Hackmack, damals Fähnrich bei der Wehrmacht, nahm den Navigator der Halifax bei Kröppelshagen fest. Das beobachtete Rolf Scharfenberg, der als Junge dort die letzten Kriegstage bei Verwandten erlebt hatte.

Zwei weitere Besatzungsmitglieder des Bombers landeten nahe der Chrysanderstraße und wären beinahe gelyncht worden – berichtet Augusta Brodmeyer. Nur mit viel Glück ist das verhindert worden.

Tage später spielte Otto Beckmann mit Freunden im Wrack der Halifax, baute ein Maschinengewehr aus. Er führte jetzt zur Absturzstelle nach Boberg.

Ortstermin am Segelfluggelände: Historiker Gerhard Bracke, Otto Beckmann und Dr. Gerhard Hackmack (v. li.) an der Absturzstelle.

Aber das war nichts im Vergleich zu den Angriffen, die Hamburg über sich ergehen lassen musste.

Vom Gojenberg aus konnte man die verheerenden Bombenangriffe auf Hamburg beobachten. Kilometerhoch war der Nachthimmel blutrot gefärbt und die Flaksalven und Scheinwerfer erhellten gespenstisch den Nachthimmel.

Am 02.05.1945 erfolgte die Unterzeichnung der Kapitulation von Hamburg. Kurze Zeit später gab es noch Artilleriebeschuss der Engländer, weil einige Unverbesserliche (mutmaßlich vielleicht sogar Hitlerjungs) die Engländer beschossen. Die Tommys nahmen Bergedorf kurzfristig unter Beschuss und es kam zu über zwanzig Toten, die in der Leichenhalle an der Ernst-Henning-Str. (früher Walter-Flex-Str.) aufgebahrt waren.

Nachdem der Krieg beendet war, begann für uns eine neue Zeitrechnung. Wir mussten lernen, mit den neuen Gegebenheiten klarzukommen und begannen mit den „Amis" Geschäfte zu machen. Selbstgebrannter Schnaps, der von unserer Nachbarin „Witwe Polster" hergestellt wurde, haben wir gegen Zigaretten getauscht. Die Zigaretten tauschten wir wieder gegen Fleischmarken und Kaffee. Mein Vater verkaufte Ami-Zigaretten für sechs Reichsmark das Stück. Meine Mutter versorgte die Nachbarschaft mit Kaffee – bei uns zuhause war ein Kommen und Gehen.

Eine richtige Normalität kam aber erst am 20.06.1948 mit der Währungsumstellung, als auf einmal die Schaufenster in Bergedorf wieder gefüllt waren. Die Zeit des Scharzmarktes war vorbei.

HIPP's KINDERNAHRUNG

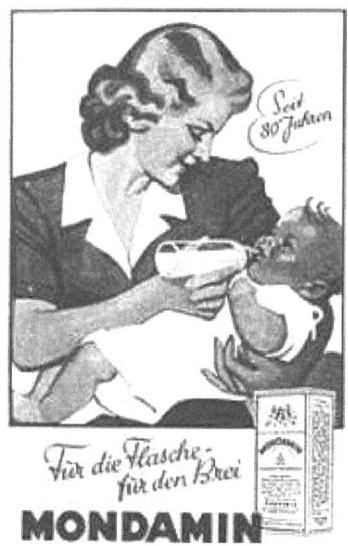

Für die Flasche – für den Brei

MONDAMIN

Die Welt vertraut **FORD**

GOGGOMOBIL

Schwierige Lebensverhältnisse

Eine andere Sichtweise der damaligen Zeit wurde mir von meinem zweiten Zeitzeugen nähergebracht.

Vielfach wurde von teilweise schlimmen hygienischen Wohnverhältnissen und verbreiteter Armut erzählt. Vieles was heute selbstverständlich ist, wie z.b. Sanitäranlagen oder fließendes Wasser waren damals in den Wohnungen kein Standard. Die Wohnung wahren kalt und feucht und TBC und Bronchialerkrankungen waren an der Tagesordnung. Gerade für uns kleine Kinder war es teilweise katastrophal, da auch die ärztliche Versorgung zu wünschen übrig ließ oder die Eltern sich das ganz einfach nicht leisten konnten. Eine gesunde Ernährung war aus denselben Gründen kaum möglich.

Wir waren auch eine größere Familie die aus drei Kindern (zwei Jungen und einem Mädchen) sowie meinen Eltern bestand.

Meine Eltern wohnten mitten in Bergedorf. Die Hude war Bestandteil des alten Bergedorf und wesentlich größer als der heute noch bestehende Straßenrest. Der Straßenverlauf der Hude ging bis zum Schiffwasser, auf der Höhe des Lichtwarkhauses. Das Schiffwasser war damals noch Bestandteil des Bergedorfer Hafens. Die Hude bestand überwiegend aus alten Fachwerkhäusern, in denen viele Geschäfte und Läden ihre Waren anboten.

Die Hude war damals mehr oder weniger der Lebensmittelpunkt von Bergedorf. Hier gab es im Einmündungsbereich Specken/Hude die Schlachterei Nehls, Bürstenmacher, Uhrmacher, Schankwirtschaften, die Essigfabrik und Bierverlag Wenck und viele weitere Krämerläden, in denen viel und gern gekauft wurde.

Hude/Specken   Blickgraben

Eine Kanalisation gab es teilweise noch nicht, sodass die Abwässer in den Blickgraben geleitet wurden. Dieser wurde in den 20er Jahren zugeschüttet. Zu der Zeit soll nach Erzählungen gerade in den Sommerzeiten der Geruch ausgesprochen extrem gewesen sein!

Wegen der schlechten Wohnverhältnisse musste meine Mutter in den letzten zwei Monaten vor meiner Geburt in das Krankenhaus Finkenau!

Heutzutage nennt man das Mutterschutz oder Beschäftigungsverbot, aber in dieser heutigen ausgeprägten Form gab es das damals noch nicht.

Geregelt war das damals im Washingtoner Übereinkommen vom 29. November 1919 über die Beschäftigung von Frauen vor und nach der Niederkunft. Das Washingtoner Übereinkommen wurde von Deutschland, das bereits einen Teil der darin enthaltenen Schutz- und Hilfeleistungen auf dem Verordnungswege eingeführt hatte, mit dem Gesetz über die Beschäftigung von Frauen vor und nach der Niederkunft vom 16. Juli 1927 ratifiziert.

Obwohl mit der Verkündung dieses Gesetzes ein großer Schritt vorwärts getan war, blieb noch eine ganze Reihe von Wünschen offen. Es war für die meisten Frauen untragbar, in den Schutzfristen vor und nach der Niederkunft, also in einer Zeit dringend nötiger Anschaffungen für das kommende Kind und erhöhtem eigenen Lebensbedarf, nur die Hälfte — später ¾ — des Grundlohnes als Wochengeld zu erhalten. Aus diesem Grunde arbeiteten trotz der gesetzlichen Schonfristen z. B. nach einer Erhebung des Deutschen Textilarbeiter-Verbandes im Jahre 1930 in der Textilindustrie in den letzten vier Wochen vor der Niederkunft noch 70,4 v. H. der allein stehenden und 52,7 v. H. der verheirateten Frauen. In der letzten Woche vor der Geburt war das Zahlenverhältnis immer noch 38,5 : 22,8 v. H. bei unverheirateten und verheirateten Frauen.

Meine Mutter hatte mit der damaligen Klinik ein Abkommen geschlossen, dass sie bis zur Geburt noch im Krankenhaus arbeiten soll (leichte Mitarbeit auf der Station) um die Kosten des Aufenthalts und der Entbindung abzuarbeiten. Heute undenkbar!

Mein Vater wurde in Sande geboren, dass damals zeitweilig zu Dänemark gehörte.

Bis 1937 entwickelte sich die Gemeinde Lohbrügge unabhängig von Hamburg und Bergedorf. Während sich das einstige Ackerbürgerstädtchen Bergedorf bereits ab 1420 im gemeinsamen Besitz der Hansestädte Hamburg und Lübeck befand und 1868 alleinig Hamburg zugesprochen wurde, stand das Lohbrügger Gebiet im Wechsel unter holsteinischer, dänischer und zuletzt preußischer Herrschaft. Erst 1937 wurde die Gemeinde Lohbrügge der Stadt Bergedorf zugeschlagen und im Rahmen des Groß-Hamburg Gesetzes zu einem Stadtteil Hamburgs.

Sein Vater war Däne und lebte zuletzt in Bad Oldesloe und wurde 1857 in Kopenhagen geboren und starb 1926 in Reinfeld. Durch meinen Großvater war mein Vater auch Däne und hatte große Schwierigkeiten während meiner Kindheit Arbeit zu bekommen. Durch die Heirat ist es nicht so wie heute, dass der Ehemann automatisch Deutscher wird, wenn die Ehefrau die deutsche Staatsangehörigkeit hat, sondern im Pass wurde staatenlos eingetragen. Das Dogma „Staatenlos" bedeutete im 3.

Reich zwangsweise Arbeitslosigkeit und man galt fortan als Mensch 2. Klasse. Es gab nur die Möglichkeit, für den Unterhalt der Familie als Tagelöhner zu sorgen. Arbeit gab es für Deutsche, aber nicht für Staatenlose. So bestand nur die Möglichkeit sich in den Deutschen Staatsbund einzukaufen, um seine Familie zu versorgen und zu überleben. Nach langer Zeit der Arbeitslosigkeit bekam mein Vater die Möglichkeit, die deutsche Staatsangehörigkeit für 1000 Reichsmark zu kaufen. Das Geld konnte mein Vater natürlich nicht in einer zurückzahlen, sondern wurde dann bei der ersten festen Anstellung in monatlichen Raten von Gehalt einbehalten.

Trotz der Festanstellung war unsere Familie (5 Personen) recht arm. Das Geld reichte vorne und hinten nicht. Wenn wir (meine Brüder und ich) aus den Schuhen herausgewachsen waren und diese zu klein wurden, wurden vorne die Kappen abgeschnitten. Ich wurde einmal, als ich ungefähr acht Jahre alt war, draußen beim Spielen im Reetwerder (Bahnstr.) von einer fremden Frau angesprochen, als die meine aufgeschnittenen Schuhe sah. Sie wollte mir ein paar Schuhe kaufen. Ich bin dann weggelaufen, weil ich mich geschämt habe.

Trotzdem war es eine schöne Kindheit!

Aber eine Kindheit bestand nicht nur aus Pflichten, sondern auch aus „Kind sein". Der schönste Spielplatz war für uns der Schloßgarten, wo wir tolle Spielflächen gehabt hatten.

Schloßpark

Schloßgarten

Die Mädchen haben mit Puppen und die Jungen auf der ehemaligen Burg Ihre Kriegs- oder Ritterspiele gespielt. Auch die Schnecke im Schlossgarten war ein beliebter Spielplatz. Die Schnecke war eine kleine Anhöhe mit einem spiralförmigen Weg nach oben. Wir waren damals sehr kreativ in unseren Spielen (z.B. Theater) im ehemaligen Laden von Sophie Schwartau. Das Eintrittsgeld war ein Bonbon oder ein Keks.

Die Straßen waren damals noch ohne viel Verkehr und ein ideales Spielfeld für Kippel-Kappel oder Kreisel-Spiele. Neben unseren Spielen waren wir durch die Schule oder des BdM (Bund deutscher Mädchen) im Einsatz um Altpapier zu sammeln.

Wie bereits gesagt - über allen schwebte immer das Problem der Armut und des Hungers. Wir haben damals Kartoffeln nachgehackt und waren zum Hamstern bei den meist geizigen Bauern, die im Nationalsozialismus überwiegend ein schönes Leben hatten. Alles, was wir an halbwegs wertvollen Dingen im Haushalt hatten, wurde für einen Bruchteil seines Wertes beim Bauern eingetauscht, aber wichtiger war es, fünf Bäuche voll zu bekommen. Die Geschichten von Bauern, die die Scheune mit Teppichen ausgelegt hatten, waren nicht übertrieben. Man fuhr auch nicht einfach mit dem Bus in die Vierlanden, sondern – mangels Geld – natürlich zu Fuß, auf Schusters Rappen. Das war eine ganz schöne Plackerei für uns lütte Kinder, aber in einer großen

Familie mussten alle zusammen anpacken, sonst ging gar nichts.

Der Bruder von meinem Vater, der in Sande (Feldstrasse, später Poeckstr.) lebte, hatte einen Schrebergarten, sodass wir ab und zu auch einmal Gemüse bekommen konnten, wenn wir einige Zeit im Schrebergarten halfen.

Später, als meine Eltern von der Hude in den Reetwerder (Bahnstrasse) zogen, gab es für meine Familie auch keine Möglichkeit, einen Garten zu haben, da die Wohnung in der vierten Etage lag.

Erst später, bekamen meine Eltern eine Wohnung in der Rektor-Ritter-Strasse mit einem kleinen Garten, sodass wenigstens etwas Gemüse angebaut werden konnte.

Interessant waren auch die fahrenden Händler, die ihren Wagen vollgeladen hatten – mit allem was man brauchte oder auch nicht – Einkauf direkt vom Wagen. Dies passierte noch bis in die 50er Jahre hinein!

Ein Highlight in den damaligen Zeit war die Fleischbrühe von Schlachter Volleit in Bergedorf, die es immer an bestimmten Tagen gab. Dafür standen wir abwechselnd vor der Schule Schlange, um überhaupt etwas abzubekommen. Fleischbrühe war aber eigentlich nur das Wasser, in dem das Fleisch gekocht wurde und somit Fleischgeschmack hatte. So hatten wir, wenn wir schon kein Fleisch hatten, zu mindestens den Geschmack im Mund und auf der Zunge!

Es gab in dieser Zeit auch Stromsperren, die in jedem Haushalt für Probleme sorgte. In fast jeder Wohnung gab es eine Kochkiste. Diese war mit Stroh und alten Decken ausgelegt, damit die angekochten Gerichte nachgegart werden konnten.

Die Kochkiste

Nach den Schilderungen meines zweiten Zeitzeugen musste ich oft an meine eigene Kinder- und Jugendzeit denken, denn diese Art des „Warmhaltens" wurde auch später angewandt.

Die Kochkiste hat sich in abgewandelter Art bis in die 70er/80er Jahre gehalten..Das Essen wurde von meiner Mutter vorgekocht, der Topf wurde mit Zeitung eingewickelt und dann ins Bett gelegt, fest in die Decke eingewickelt und schon blieb das Essen und das Bett warm!

Für eine gute Zensur in der Schule gab es zuhause als Belohnung eine 50g Fleischmarke – dafür bekam ich eine kleine Wiener oder auch eine 4-fache Wurst, verlängert mit Nährmitteln. Das war das Tollste. Für alles andere wie Schuhe, Mäntel oder ähnliches brauchte man Bezugsscheine.

Der Neubeginn

Den Einmarsch der englischen Truppen haben wir vom Fenster aus beobachten können. Die englischen Soldaten hatten ihre Kantine im Lohbrügger Filmeck Kino (Herzog-Fr.-Platz) eingerichtet, was sich natürlich sehr schnell herumsprach. Nach einigen Tagen haben wir Kinder vor der Kantine gestanden und die „Tommys" essen sehen. Dort gab es alles in Hülle und Fülle und sah für uns wie das Schlaraffenland aus. Wir hatten extremen Hunger und überlegten, wie wir auch etwas zu essen bekommen konnten. Ich war mittlerweile 13 Jahre alt und ich habe mit zwei Freundinnen die „Tommys" gefragt, ob wir in der Küche helfen könnten. Wir haben Tische abgewischt und Kartoffeln geschält, dafür bekamen wir Toastbrot und Essen, auch meist etwas für zuhause. So habe ich schon früh gelernt, meine Familie aktiv mit zu unterstützen und zum Lebensunterhalt beizutragen

Meine Mutter ging morgens zur Arbeit und sagte nur:

„Sieh zu, das Du was zu essen bekommen kannst."

Als Heranwachsende waren die Tanzpartys im Hitscher, Goos, Eckermann, Makula und Eberlin für uns die Highlights im alten Bergedorf.

Meine Tante Margarethe, die Schwester meiner Mutter, wurde in Hamburg mit ihrem Gemüseladen ausgebombt. Sie bekam die Möglichkeit einen kleinen Laden in der Wentorfer Strasse aufzumachen. Auf wenig Platz war das kleine Geschäft aber doch Anlaufplatz für die Anwohner der Wentorfer Straße und Umgebung. Sogenannte Krämerläden gab es in der Nachkriegszeit nur wenige, sodass meine Tante sich eines größeren Kundenstamm erfreuen konnte. Mein Ehemann und ich hätten den Laden gerne weitergeführt, doch die Anforderungen, die durch die Bergedorfer Stadtverwaltung vorgeben wurden, waren nicht zu erfüllen. Es wurde verlangt, dass der Laden abgerissen werden sollte und das Grundstück mit einem Mehrfamilienhaus bebaut werden muss, dass dem baulichen Umfeld angepasst und ein Laden in dem Bau integriert wird. Finanziell war das für meine Verwandtschaft und für uns nicht machbar, sodass wir das Grundstück unter Wert verkaufen mussten.

Die Anpassung an die Nebenbauten mag jeder Leser selbst beurteilen. Heute steht auf diesem Grundstück ein nicht sonderlich schönes Appartementhaus ohne Laden oder Geschäft! Dies nur zum Einhalten der Vorgaben – und ganz ehrlich – ein kleiner Gemüseladen fehlt heutzutage dort immer noch, gerade für die älteren Anwohner.

Der kleine Gemüseladen an der Wentorfer Strasse

Walter und „Grete" Benn in Ihrem Gemüseladen.

Frühmorgens wurde schon seit Generationen auf dem Groß-
markt Hamburg eingekauft.

Gemüsetransport mit „Tempo"

Nachdem wir 1952 heirateten (mein Mann war 21, ich 20 Jahre alt) wohnten wir zu Beginn unserer Ehe in einem 7 qm großen Zimmer bei meinen Eltern im Reetwerder. Die Kinderwiege stand auf der Kohlenkiste.

Wohnungen waren Anfang der 50er Jahre kaum zu bekommen, zumal wir noch sehr jung waren und ein Kind hatten. Nachdem wir als letzte Möglichkeit beim Wohnungsamt eine Auswanderung nach Schweden (Angebot eines Arbeitsplatzes über die Hauni, dem Arbeitgeber meines Mannes) eingereicht hatten, bekamen wir dann doch eine Wohnung zugewiesen.

Wir lebten zwölf Jahre am Reinbeker Redder um dann endlich eine Neubauwohnung der damaligen „Neuen Heimat" in der Korachstrasse zu bekommen.

Der Umzug war zur damaligen Zeit doch ein gewisser Kulturschock für uns, da wir aus einfachen Wohnverhältnissen mit kleinen tierischen Untermietern, in die für uns große neue Welt mit Fahrstuhl, Müllschlucker, Balkon und Waschküche zogen. Die Waschmaschinen, die für alle Mieter in der Waschküche bereitstanden wurden mit 50 Pfennigstücken gefüttert, um eine Stunde die Waschmaschine oder den Trockner nutzen zu können. Natürlich musste man sich vorher in einem „Waschbuch" eintragen und somit seine Termine festschreiben.

Hiermit schließt sich der erste Zyklus von Erinnerungen und Geschichten aus der „guten alten Zeit".

Was „gut" ist – wer entscheidet das? Hierzu sollen Ihnen die nächsten Kapitel einiges erzählen.

„Alles muss Neu" – Modern ist „in"

Schon im Jahre 1912 beschloss die damalige Stadtvertretung den Bau einer Durchbruchstrasse mit dem Verlauf Alte Holstenstrasse über den Wiebekingweg bis zum Pool. Durch den Beginn des 1. Weltkrieges und die folgende Inflation verzögerte sich der damalige Bau bis in das Jahr 1928. Man konnte schon ein gewisses Vorprogramm erahnen, denn der Bau und die „Sanierung" der Altstadt sollte natürlich auch Arbeitsplätze erschaffen. Da in dem betroffenen Bereich größtenteils Arbeiterwohnungen standen, die zudem noch völlig überbelegt waren (Wohnraum war auch damals schon teuer), wollte man neue moderne Wohnungen bauen, die leider aber für die Arbeiter unerschwinglich waren.

Bergedorf wurde damals als Kur- und Erholungsort beworben und auch ein Werbefilm gedreht, der (heutzutage kaum noch vorstellbar) damals im Vorprogramm der Kinos des gesamten Reichsgebiets gezeigt wurde.

Nachdem 1935 die ganzen alten Häuser der Straße Hinterm Graben abgerissen wurden, beschloss man, dem damaligen Zeitgeist folgend, eine einheitliche Bauweise in den Vordergrund zu rücken und auf Schnörkel und Fassadendekorationen zu verzichten. Die glatten, monotonen und einfallslosen Eckhäuser an der Vierlandenstrasse und die Häuserzeile bis zum heutigen

Restaurant „November" sind bis heute ein Sinnbild für bauliche Funktionalität und Tristes. Eine Zerteilung eines großen Wohnkomplexes wurde z.B. dadurch verhindert, dass der damalige Kuhberg (heute Wiebekingweg) als Unterführung dann halt durch den Block führte.

Beim damaligen Erwerb der Grundstücke für die Vierlandenstrasse war man auch nicht sonderlich zimperlich. Die Mehrheit der Grundstücke wurde zu extrem niedrigen Preisen angekauft oder die Eigentümer wurden enteignet.

Schon damals war nach der Fertigstellung erkennbar gewesen, dass der zweite Teil des Bauvorhabens, nämlich eine Umgehungsstraße (Bergedorfer Str.) zu bauen und den Rest von Alt-Bergedorf abzureißen, unmittelbar bevorsteht und die Stadt begann wieder Grundstücke in der gleichen Form sich einzuverleiben, wie einige Jahre vorher. In den dort betroffenen Straßen Hude, Specken, Neuer Weg, Mohnhof waren jedoch viele Handwerksbetriebe ansässig, die sich natürlich in ihrer Existenz bedroht fühlten. Hauseigentümern wurden Grundstücke auf dem Gojenberg angeboten und mit „mafiösen Gebahren" in den Verkauf getrieben.

Die betroffenen Hauseigentümer wurden 1929 informiert und ihnen ein Verbot erteilt, ihre Häuser zu renovieren oder instand zu setzen. Ab diesem Zeitpunkt wurden keine Neu-, Um- und

Anbauten mehr genehmigt und den Eigentümern wurden Notwendigkeiten zum Erhalt Ihrer Häuser erschwert oder unmöglich gemacht. Das hatte natürlich zur Folge, dass zum Beginn der zweiten Bauphase Anfang der 50er Jahre die Behauptungen, dass die Wohnungen in der betroffenen Regionen alle in einem schlechtem baulichen Zustand waren zwar teilweise richtig, aber von der Behörde zwanzig Jahre vorher hausgemacht gewesen sind.

Viele Häuser, wie das „Wencksche Essighaus" oder die Schlachterei Nehls und viele der Giebelhäuser am Mohnhof waren aber auch zu Beginn der fünfziger Jahre noch in einem tadellosen Zustand, störten aber bei der Durchführung des Bauabschnitts. Auch andere Vorschläge (Architekt Kallmorgen) einer anderen, schonenden Umgehungsstrasse, wurden nicht gehört und ohne Diskussion abgelehnt. Auch Pläne, die erhaltenswerten Häuser schonend abzutragen und an anderer Stelle neu aufzubauen, wurde von der damaligen Stadtverwaltung abgelehnt.

Wenn man bedenkt, wie schön man das heutige Stadtbild mit den damaligen Häusern hätte verschönern können, ist die Sichtweise der früheren Abriss- und Vernichtungswut fast tragisch zu nennen. Auch spätere Versuche, „schonend" abzureißen, scheiterte bisher kläglich. Das hat sich leider bis zum heutigen Tag nicht geändert

Blick auf Mohnhof aus der Wentorfer Strasse

Wieder dreißig Jahre später 1984 wurden die letzten Specken-häuser abgetragen und die Balken und Steine eingelagert. Wie das berühmte Bernsteinzimmer blieben die Balken und Steine bis heute verschwunden.

Jetzt sind wieder knapp dreißig Jahre vergangen – ein neuer Bauabschnitt geht gerade wie ein Sturm über Bergedorf hin-weg.Ich bin gespannt, was im Jahr 2043/2044 auf uns zukommt oder geplant ist. Liebe Leser, bilden Sie sich selbst Ihr Urteil dar-über, ob aus der Vergangenheit gelernt wurde.

Die 50er Jahre

Bergedorf in der Nachkriegszeit steht natürlich für den Neuaufbau. Obwohl in Bergedorf durch den 2. Weltkrieg nichts zerstört wurde, wurde das, was der Krieg nicht geschafft hat, nachgeholt.

Die Stadtarchitekten holten alte Planungen wieder hervor und sagten sich:

„Hamburg muss wieder aufgebaut werden, dann müssen wir in Bergedorf auch was tun!"

Ab Beginn der fünfziger Jahre wurden neue Siedlungen und Wohngebiete gebaut. Zu einem großen Teil wurden die Neubauwohnungen für Bewohner benötigt, die von dem folgendem Bau der Durchbruchstrasse 1 und 2 und dem damit zusammenhängenden Abriss von „Alt-Bergedorf" direkt betroffen waren.

Am 3.12.1954 wurde der 1.Bauabschnitt der Bergedorfer Straße eingeweiht; dieser ging von Boberg bis zum Bahnhof. Das 2,6 km lange Teilstück kostete 4,2 Mill. DM.

Anfang 1955 werden im Bergedorfer Zentrum die ersten Häuser abgerissen, um den Bau der Bergedorfer Straße zu ermöglichen. Es waren Schiffwasser 2, Hude 32 + 28. In den folgenden Monaten wurden 140 Familien umquartiert, die im Bereich der Durchbruchstraße 2 (Vierlandenstr.) wohnen. Rund 2,7 Mill. DM muss die Stadt für den Grunderwerb und Entschädigungen an die zahlreichen Hauseigentümer zahlen. Für die Mieter sind dann im Glindersweg /Justus-Brinkmann-Straße zunächst 97 Wohnungen gebaut worden. Weitere folgten z.B. in der Kampchaussee.

Ich möchte nicht genauer auf die einzelnen Baumaßnahmen eingehen, sondern eher auf das „verlorene", nicht „wiederherstellbare" alte Bergedorf, dass ich nur von Bildern kenne, aber das es verdient, in Erinnerung zu bleiben. Das alte Bergedorf lebt aber nicht nur durch Bilder sondern auch durch die Geschichten, die teilweise noch vorhanden sind, aber nur erzählt werden müssen.

Ich versuche an Hand noch vorhandener Bilder und durch meine Sammelleidenschaft erworbene Postkarten das „alte Bergedorf" noch einmal aufleben zu lassen, einiges noch einmal aufzuzeigen und möchte dabei zum Nachdenken anregen, ob das Bewahren von historischem Flair nicht eher der Weg ist, bevor die Abrissbirne vorschnell den Weg in die „Zukunft" buchstäblich ebnet.

Hude

Wiebekingweg/Kuhberg

Blick vom Bergedorfer Markt auf Kuhberg/Wiebekingweg

Wiebekingweg

Fuhrunternehmen Höge Milchhandlung Klatt

Anfang Kuhberg/Wiebekingweg nach Durchfahrt der Häuserzeile von der Vierlandenstraße. Das alte Haus auf der linken Seite des Bildes ist heute durch ein kleines Parkhaus ersetzt worden.

Essigfabrik Wenck Hude 1955

Schlachterei Nehls

Brand der Holzhandlung Behr (heute Citycenter)

Kornwassermühle   Umbau des Zeyn Speichers

Abbruch der Kornwassermühle

Mein Bergedorf, wie ich es kennenlernte!

Nachdem ich bisher zwei „ältere Semester" zu Wort habe kommen lassen, möchte ich meinen „Senf" natürlich auch noch dazugeben.

Ich bin in Lohbrügge in der ersten gemeinsamen Wohnung meiner Eltern am Reinbeker Redder zusammen mit meiner Schwester aufgewachsen. Der Reinbeker Redder ist zu Beginn der sechziger Jahre noch links und rechts der Fahrbahn von großen Obstgärten und Feldern begrenzt gewesen. Die kleine Wohnung meiner Eltern war für vier Personen auf die Dauer zu klein gewesen und wir zogen 1967 nach Lohbrügge Nord in die Korachstrasse.

Blick von der. 12. Etage auf den Bau der Sportanlage des VFL Lohbrügge

Blick auf den Bau der Hochhäuser an der Korachstraße

Bis dahin war aber für mich Natur pur angesagt. Ich konnte im Apfelbaumgarten/-plantage unseres Vermieters spielen, auf Bäume klettern und die Natur wirklich genießen. Heute steht hier, fast bis unmittelbar an das Haus ran, Maschinen- und Lagerhallen und neben dem Haus, in dem ich aufwuchs, stehen mehrere Tankstellen.

Schlittenfahrt am Reinbeker Redder

Zu kämpfen hatten wir allerdings mit Mäusen und Ratten, die natürlich in Vielzahl vorhanden waren. Wir hatten einen kleinen Schuppen im hinteren Bereich des Grundstückes (vor dem Obstgarten), in dem es kein Licht gab. Wenn ich etwas aus dem Schuppen holen musste und ich die Tür öffnete, war richtig Bewegung im Schuppen. Durch die Bewässerungsgräben der Obstbaumplantage waren natürlich auch Ratten vor Ort, von denen mein Vater einige mit dem Spaten/Forke umbrachte, weil sie recht angriffslustig waren. Es kam auch vor, dass wir in der Nacht von den kleinen Plagegeistern geweckt wurden, weil sie an der Bettwäsche hochgeklettert waren und auf der Bettdecke saßen und uns interessiert ansahen. Das Geschrei meiner Schwester hat die Mäuse dann aber verjagt.

Zur Schule ging es in die Mendelstraße, später zum Binnenfeldredder. Hier kann ich mich noch an den Verkehrsunterricht erinnern. Es wurde ein Hindernisparcours aufgebaut, mit Ampel, Verkehrsschildern und verschiedenen Fahrzeugen (Go-Cart oder Fahrrad) standen zur Verfügung und schon ging es an das Einteilen. Wer durfte mit welchem Fahrzeug fahren und wer wurde als Fußgänger eingesetzt. Zusätzlich gab es Unterricht mit Verkehrskasper (und einem Polizisten)!

Einen Krämerladen gab es noch an der Ecke Reinbeker Red-der/Mendelstraße (heute ein Frisörgeschäft). Ehrlich gesagt – Bergedorf brauchte ich eigentlich nicht. Ich hatte alles, was ich brauchte und eine „Reise" nach Bergedorf war immer beschwerlich. Entweder mit dem Roller oder dem Fahrrad, oder schlimmstenfalls zu Fuß! Also meine Begeisterung, wenn meine Mutter mit uns nach Bergedorf wollte, hielt sich in Grenzen!

Auch mein Interesse, mehr über Bergedorf zu erfahren, war nicht sonderlich stark ausgeprägt.

Das Bergedorf auch schon vor den 60er Jahren naturgemäß anders aussah, habe ich erst später kennengelernt und mich dafür interessiert. Der Grund hierfür waren nicht unbedingt meine Eltern, die mich zur Geschichte oder geschichtlichen Entwicklungen nicht förderten und auch nicht mit eigenen Erlebnissen eventuell neugierig machten. Ich bekam selbst mit, wie sich Bergedorf bei meinen „Besuchen" veränderte. Vielleicht wäre es mir noch weniger aufgefallen, wenn ich diese Veränderungen direkt vor der Nase gehabt hätte, aber so konnte ich schon öfter sehen, dass Geschäfte, Gebäude oder Straßen verschwanden. Warm geworden bin ich mit der geschichtlichen Entwicklung Berge-dorfs, durch einige alte Bergedorf Fotos, die ich von einem älte-rem Ehepaar erhalten hatte und ich konnte nicht sagen, wo das Bild in Bergedorf aufgenommen wurde. Meine Neugierde wuchs und ich begann mich für Bergedorf zu interessieren. Später kam dann noch die Familienforschung dazu.

Leider habe ich das historische Bergedorf der 50er Jahre und davor nicht mehr kennen und lieben gelernt. Meine Kenntnisse reichen zwar noch zum Gasthof zur Sonne und dem Schupo, der davorstand, aber das war es auch schon. Meine Eltern, lang-jährige Bergedorfer, haben mein kindliches Interesse an Berge-dorf auch nicht geweckt bekommen - für mich war eine Fahrt nach Bergedorf genauso Interessant, wie eine Fahrt nach Ham-burg (meist mit Einkaufsbummel und Klamottenkauf - welcher Junge kann sich etwas Tolleres vorstellen - hahaha). Somit war ein Besuch in Bergedorf bei mir immer mit einem gewissen Un-behagen verbunden und es gab kaum etwas „uncooleres" als mit meiner Mutter, gemeinsam auf einem Roller (!!!!) nach Ber-gedorf zu fahren, denn die Buslinien fuhren erst in der zweiten

Hälfte der 60er Jahre bis nach Bergedorf (Buslinien 5,6,9 und 30) und wieder zurück nach Lohbrügge.

Die typischen rot/schwarzen Magirus Busse.

Als kleiner Junge war ich – wie viele Jungen in meinem damaligen Alter- natürlich an Autos interessiert. Ich freute mich jedes Mal in der Alten Holstenstrasse bei Wulff und Bartsch vorbeizulaufen und die neuesten Automodelle zu sehen. Hier habe ich noch eine kleine Werbeanzeige von Otto P. Wulff – 6.685 DM, Ca. 3400 Euro – den würde ich auch aktuell sofort kaufen (schwärm)!

Die Alte Holstenstrasse:

Blick von der Lohbrügger Landstr. In die Alte Holstenstrasse

Dieselbe Häuserzeile in der LohbrüggerLandstrasse

Holsten Kino (Lichtspiele)

Blick auf meinen heißgeliebten Büchertauschladen (rechts)

Blick auf Autohändler (links) und Richtung Nordmann-Haus

Blick Richtung Möbel Zieske und Produktion (Pro)

Wir eröffnen

am Mittwoch, dem 16. Oktober
unsere

Verteilungsstelle 238

und unseren

Schlachterladen 107

in Bergedorf
Brunnenstraße 170

PRODUKTION

Blick Richtung Lohbrügge (links steht heute Marktkauf)

Alte Holstenstraße Richtung Eisenbahnbrücke (heute Grotjan)

Blick Richtung Ludwig-Rosenberg-Ring

Links geht es heutzutage Richtung Arbeitsamt, früher Richtung Filmeck Kino. Im Holsteinischen Hof wurde in der ersten Etage in der „Fledermaus" geschwoft!

Auch die Eisenbahnbrücke hat sich mittlerweile verändert, das Stellwerk wurde ebenfalls abgerissen, weil es nicht mehr benötigt wurde.

Der Vorgänger der Eisenbahnbrücke mit Fußgängertunnel.

Blick Richtung Eisenbahnbrücke, hinter dem Käfer liegt die Serrahnstraße (Richtung Hafen).

Ein Besuch für mich als Lohbrügger war immer eine Tortour! Busse fuhren – wie gesagt - noch nicht, sodass meine Mutter mit mir auf dem Roller (!!!) nach Bergedorf fuhr und zurück wurde geschoben! Bis zur Eisenbahnbrücke war ja noch alles OK (hier spricht der Lohbrügger) – das Eisenwerk, der schwarze Walfisch, ein Büchertauschladen (3 alte Mickymaushefte gegen ein neues), das Holstenkino, der Filmeckkinovorschaukasten im zweiten Kino, die Nordmann-Bücherei, Autos im Schaufenster (Fiat) und danach? Nichts was mich als Junge interessiert hätte - außer vielleicht das Aquarium vom Fischgeschäft Wriede.

Aber meine Kindheit und Jugend verbrachte ich zum größtem Teil in Lohbrügge.

Meine 70er Jahre bestanden aus Fußballspielen im grünen Zentrum, Minigolfspielen am Platz an der Leuschnerstraße, Flutschfinger und heutzutage unkorrekt „Negerkussbrötchen bei Meyer".

So unschön das Umfeld der Korachstrasse mit ihren Hochhäusern war, umso schöner war das grüne Zentrum mit den Sommerfesten, Seifenkistenrennen, Höhlen bauen, Tischtennis an Steinplatten unterhalb des Kurt Adam Platz, Rodeln und Schlittschuhlaufen. Beliebt war bei uns mit Schlittschuhen den Rodelberg runterzufahren – ging natürlich nur, wenn es extrem eisig war. Stürze waren dann extrem schmerzhaft!

Nervend war nur, wenn das Mittagessen fertig war und ich noch auf unserem Bolzplatz vor dem Tonteich spielte. Meine Mutter brüllte vom Balkon des 12. Stock nach unten:

„Rooooooooooonald, Esssssssssssssssssssssen ist fertigggggg!"

Jaja, Handys gab es damals noch nicht und so war dies die einzige Art der Kommunikation, zumal ich beim Spielen gerne die Zeit vergaß!

Man wurde ich damals von meinen Freunden aufgezogen!

Ich hatte in Lohbrügge alles, was ich brauchte. Kleine Einkaufs-
zentren am Rappoltweg und Binnenfeldredder reichten meinen
Eltern und mir völlig aus. Aber mit zunehmendem Alter wurden
meine Besuche in Bergedorf häufiger, zumal ich die Handels-
schule in der Wentorfer Str. besuchte. Außerdem lockten man-
che sportliche Highlights wie das unvergessene DFB Pokalspiel
gegen Bayern München oder seltene Konzerte im Billtalstadion!

Bis zur 90. Minute führte Bergedorf 85 gegen Breitner und Co.
bevor „Schädel-Hoeness" den unverdienten Ausgleich machte.
Was wäre passiert, wenn „85" dieses Spiel gewonnen hätte, wo
würde der Verein heute rückblickend stehen? Schade – nach
dem Ausgleich war bei den Bergedorfern buchstäblich die Luft
raus und in der Verlängerung gewann Bayern standesgemäß
5:1.

1:5 n.V.

DFB - Pokalspiel
BERGEDORF 85 — BAYERN MÜNCHEN
am Sonnabend, dem 28. August 1982, 15.30 Uhr
Sportplatz Sander Tannen

Stehplatz (Erwachsene)

DM **10.-**

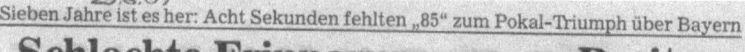

Schlechte Erinnerung nur an Breitner

Von Rainer Kühn

Bergedorf. Am kommenden Montag jährt sich zum siebten Mal jenes Fußballspiel, das wie kein zweites in der Erinnerung der Anhänger von Bergedorf 85 weiterlebt: Nur acht Sekunden fehlten den „Elstern" am 28. August 1982 zum sensationellen Pokalsieg gegen die scheinbar übermächtigen Bayern aus München. Dann glich Dieter Hoeneß das 1:0 aus, das Holger Brügmann nach einer Stunde erzielt hatte, die anschließende Verlängerung nutzte der dreifache Europapokalsieger, die erschöpften Bergedorfer mit 5:1 zu schlagen.

Libero Klaus Vogel, der damals gemeinsam mit Mittelfeldspieler Lutz Bendler die Doppelbelastung des Spielertrainers zu tragen hatte, erinnert sich an die entscheidende Szene, als ob es heute gewesen wäre: „Mir war das Zeitgefühl völlig abhanden gekommen. Wenn ich gewußt hätte, daß nur noch wenige Sekunden zu spielen waren, hätte ich mit Sicherheit hinten dicht gemacht. So aber starteten wir noch einmal einen Angriff über rechts, der Ball kam zu Andreas Roloff, und der schoß aus knapp 30 Metern aufs Tor. Alles hätte er machen können, eine Ecke herausschinden, Foulspielen, den Ball in die Walachei schießen - nur das nicht."

Die Strafe folgte auf dem Fuß. Auch den Rest hat Vogel noch wie einen hundertmal gesehen Film vor sich: „Jean-Marie Pfaff fing Roloffs Schuß ganz locker ab und schlug den Ball sofort zu Breitner. Der spielte Calle del Haye auf Rechtsaußen an. Weil wir alle noch in der Vorwärtsbewegung waren, konnte der ungehindert zu Hoeneß flanken, dann Kopfball, dann Tor. Wenn wir hinten geblieben wären, wäre überhaupt nichts mehr passiert."

So aber war es aus mit dem Traum von der Pokalsensation, das wußten in dieser Sekunde alle. Klaus Vogel: „Obwohl es ja erst 1:1 stand, waren wir alle den Tränen nahe. Ich glaube sogar, daß ich welche in den Augen hatte." Der verhinderte Torschütze Andreas Roloff spürte den Schmerz an anderer Stelle: „Es war wie eine Lähmung, so, als ob einem jemand die Beine in den Boden stampft."

Und Spätfolgen gibt es auch; Vogel spricht wohl für die „gesamte Mannschaft: „Wenn ich heute Kurt Emmerichs Rundfunk-Reportage auf Band höre, läuft es mir immer noch eiskalt den Rücken herunter."

Dennoch haben die „El-stern" die Stars, die sie um ein Haar vom Sockel gestürzt hätten, in angenehmer Erinnerung, vor allem Calle del Haye. Der blonde Rechtsaußen klagte seinem Gegenspieler Günter Bargsten nach dem 0:1 immer wieder sein Leid: „Mein Gott, das wird uns Trainer Czernai morgen ausbaden lassen." Karl-Heinz Rummenigge half den Bergedorfern trotz der drohenden Niederlage bei Wadenkrämpfen wieder auf die Beine und empfahl ihnen Salztabletten. Und Lutz Bendler erinnert sich am liebsten an Dieter Hoeneß: „Der hatte richtig Mitleid mit uns, nachdem er das Tor geschossen hatte, immer wieder hat er uns erzählt, er hätte selten gegen eine so tolle Truppe wie uns gespielt."

Nur auf einen sind die Bergedorfer nach wie vor nicht gut zu sprechen: auf Paul Breitner. Lutz Bendler erzählt folgende kleine Anekdote: „Aus dem Publikum kamen immer wieder Sprechchöre wie ‚Breitner, du A.....'. Deshalb ging ich zu ihm hin und entschuldigte mich für die Krakeeler. Doch er antwortete nur: ‚Spiel dich bloß nicht so auf, du Amateur, was glaubst du wohl, wer du bist?'" Daraufhin brach Bendler immer wieder ab. „Dann haben die Zuschauer wohl doch nicht ganz unrecht" das unergiebige Gespräch ab.

Die Bergedorfer Christian Hofmeister und Norbert Jürgens zwischen dem Bayern-Duo „Breitnigge". Trotzdem kommt der Münchener Mittelfeld-Motor zum Schuß.   Foto: Moenkebild

Auch spätere DFB-Pokal-Fights gegen Leverkusen (1:3 nach hartem Kampf) und Wolfsburg mit dem damaligen Star de Alessandro waren Highlights, die aber nicht an die Dramatik des Bayern Spiel herankamen.

EINTRITTSKARTE
DFB - POKAL
19.08.1992 18.15 Uhr
Stadion : Sander Tannen

ASV BERGEDORF 85
-
BAYER 04
LEVERKUSEN

STEHPLATZ
DM 15,-

1112

CLUB 100

Auxilia
Beratungsgesellschaft MBH
Colonnaden 96
2000 Hamburg 36
Beratung : Herr Jürgen Schulte
Tel.: 040-34 61 93 o. 040-34 11 01

AUXILIA

Betreten auf eigene Gefahr · Keine Haftung durch den Veranstalter

Autogramm von Franco Foda

Lohbrügge und Bergedorf waren damals natürlich schon interessant, es gab jede Menge kleinerer Geschäfte (eine sogenannte Branchenvielfalt) in der Alten Holstenstraße, Angebote der Produktion, Kepa, Hertie, Radio Warmer, Sonnenberg, Pinnau und Schuhgeschäfte!

Aber die Zeiten änderten sich, ich wurde älter, Bergedorf unschöner, Lohbrügge unansehnlich und ich interessierte mich auf einmal nach dem „warum?". Einschneidend waren damals die Speckenhausdemos und das beginnende Interesse für den Erhalt von Geschichte(n), Historie und des nicht mehr Ersetzbaren. Was kaputt ist oder gemacht wird, ist unwiderruflich weg - nicht mehr zu ersetzen. Das hat auch nichts mit Zeitgeist zu tun - nach dem Motto: „alte Zöpfe müssen ab".

Es ist schade, dass man im Städtebau aus den Fehlern der Vorgenerationen nichts gelernt hat, bis zum heutigen Tag!

Als Mahnmal gelten für mich die Speckenhäuser oder später auch das Kaffee Möller!

Im Vordergrund Kaffee Möller, das 1991 unter starkem Protest der „Stadtindianer" und Teilen der Bevölkerung abgerissen wurde. Die Inneneinrichtung wurde zu mindestens gerettet und ist Bestandteil des Kaffees im Bergedorfer Schloss.

Die damaligen Baubeauftragten mit Ihren Plänen (die teilweise im Grundzug schon aus den 20er Jahren stammten und immer wieder neu "ausgegraben" wurden) beschlossen, Bergedorf "modern" zu gestalten. Was ist seitdem besser geworden, was hat der Bergedorfer von seinem modernen Bergedorf?

Ein Vergleich dazu wäre einen Blick nach Lüneburg, der alten Salzstadt, zu machen. Sicherlich wurden auch dort städtebaumäßige Verbrechen verübt, aber der Patient lebt noch. Es gibt eine historische Altstadt, die sich auch so nennen kann und ist ein Kleinod.

Links und rechts davon hat auch dort die „Moderne" Einzug gehalten, aber verträglich. Die historischen Bauten hat man in den Grundzügen versucht zu erhalten - letztendlich auch für den Tourismus.

Welche Chance hatte Bergedorf und was wurde daraus gemacht? Nun gut, das Schloß - wurde einige Male saniert, die Kornwassermühle wurde abgerissen und neu aufgebaut und unter Denkmalschutz gestellt (unglaublich) und das Kaffee Möller wurde dem Erdboden gleich gemacht.

Gerade die Ecke vom Beginn der Fußgängerzone bis zur Petri und Pauli Kirche ist in seiner Einfallslosigkeit nicht zu übertreffen, aber dafür haben wir jetzt eine Fischtreppe!

Bei meiner Recherche zu diesem Buch habe ich noch folgende kleine Annonce gefunden, die die Blickweise aus den letzten Jahrzehnten wiederspiegelt.

CITY-EINKAUFS-CENTER BERGEDORF

Wir bauten für Sie
das CITY-EINKAUFS-CENTER auf dem Gelände der Behr'schen Halbinsel mit 8 670 qm Verkaufsflächen, 1755 qm Büro- und Praxisräumen, 90 Wohneinheiten und einem Parkhaus für mehr als 400 Autos.

Wir bauten für Sie
das CITY-EINKAUFS-CENTER, damit Sie in gepflegter, vollklimatisierter Atmosphäre direkt am S-Bahnhof Hamburg-Bergedorf auf die bequemste Art einkaufen können.

Wir bauten für Sie
das CITY-EINKAUFS-CENTER, denn hier legten wir das Kapital unserer Lebensversicherungs-Kunden zinsgünstig und wertbeständig an. Durch die Gewinnbeteiligung der Lebensversicherung kommen die Mieterträge somit auch unseren Versicherten zugute.

VICTORIA

Versicherungen in guter Hand

Im nach hinein nochmals „Besten Dank", das Sie das CCB für „mich" gebaut haben! Ich wollte es nicht haben!

Gasthof zur Sonne

Den Gasthof zur Sonne kenne ich noch aus meinen frühesten Kindheitstagen, als noch ein „Schupo" hier den Verkehr regelte. Durch meine Homepage habe ich eine umfangreiche Bildersammlung zur Verfügung gestellt bekommen, die ich gerne hier verwenden möchte. Die Bilder wurden mir zur Veröffentlichung zur Verfügung gestellt, wofür ich mich nochmals in aller Form recht herzlich bedanken möchte. Letztendlich ist auch hier der Wunsch gewesen, "Altes" nicht zu vergessen und eben nicht vergänglich werden zu lassen. "Tot ist, an wen oder was nicht mehr gedacht wird."

Gasthof zur Sonne, Bergedorf, Foto H. Arnold, Jahr 1918

BILLE ANZEIGEN-Rundschau

ANZEIGENBLATT FÜR DAS GEBIET LOHBRÜGGE, BERGEDORF, REINBEK

Historischer Gasthof 'Zur Sonne' weicht der neuen Zeit

Beginn des Neubaus eines Geschäftshauses. Heute Kloppen-burg und Imbiss!

Der Gasthof zur Sonne wurde 1788 von einem Hans Daniel Hinsch aus Borstel erbaut. 1837 wurde der komplette Gasthof vom damaligen Besitzer Johann Hinrich Suhr abgebrochen und mit einer Drehung von 90° zum ursprünglichen Standort wieder aufgebaut.

Der Eingang, der sich 1788 noch an der Alten Holstenstrasse befand, wurde dadurch zum Weidenbaumsweg gelegt. Der Gasthof war einer der großen Bergedorfer Familienlokale. Knei-pen gab es einige, aber Lokale mit großen Tanz- und Feiermöglichkeiten gab es zu diesem Zeitpunkt kaum noch. Im Jahre 1830 hatte Bergedorf nur 2150 Einwohner, aber 39 Wirte, 9 Brauereien und 6 Brauer. Durch die günstige Lage nah zum heutigen Bahnhof (leider dieses Jahr abgerissen) und der Verlegung der Bahnlinie boomte das Geschäft.

Nach Feierabend wurde gemütlich sein Bier in der gemütlichen Schankstube getrunken oder auf eine Weiterfahrt mit der Bahn Richtung Hamburg/Berlin gewartet.

Der Weinkeller des Gasthofes zur Sonne hatte viele gute bis sehr gute Weine zur Verfügung und war stets gut gefüllt!

Der Bergedorfer Bahnhof

Innenansicht der „Wandelhalle"

Der „alte Bahnhof", der noch nicht so alt war (erbaut 1936-1937) und schon wieder Geschichte ist!

Ausgang nach Lohbrügge mit Kassenhäuschen

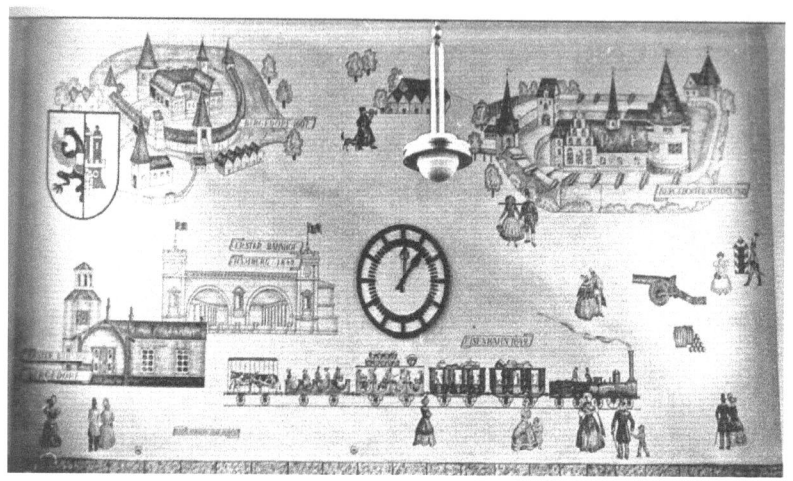

Die ist eines der zwei Karberg Bilder, die den alten Bergedorfer Bahnhof schmückten. Für die große Schalterhalle hatte Bruno Karberg (1896-1967) zwei Gemälde entworfen, die die Bergedorfer Geschichte und die Entwicklung der Eisenbahngeschichte schilderten. Die Gemälde wurden Anfang der 50er Jahre überstrichen.

Bruno Karberg war ein großer Grafiker, der nicht nur durch solche schönen Fresken bekannt war, sondern auch durch etliche Werbeplakate.

Der Serrahn – Bergedorfer Hafen!

Serrahnhafen mit Blick auf Kohlenhandel Messerschmidt!

Blick auf die Stuhlrohrstrasse

Die Alte Holstenstrasse Teil 2

Blick Richtung Eisenbahnbrücke, links das alte Kaffee Möller

Blick auf Hotel Stadt Hamburg (Block House), hinter dem DKW liegt der Hasse-Turm! Rechts Messmer-Kaffee!

Im Jahre 1971 wurde dann im weiteren Verlauf das Sachsentor verkehrsberuhigt umgebaut und zur Fußgängerzone, die letzte positive Umbaumaßnahme in Bergedorf.

Zu weiteren baulichen Änderungen in Bergedorf habe ich auf meiner Homepage seit etlichen Jahren schon einige Warnungen und Kritik niedergeschrieben, die ich in diesem Buch nicht noch einmal in Gänze aufführen möchte. Leider haben sich meine Befürchtungen zum größten Teil bewahrheitet.

Bei Interesse besuchen Sie doch einfach einmal meine Home-page:

http://www.bergedorf-hartmann.homepage.t-online.de/42385.html

Wie und in welche Richtung Bergedorf sich weiterentwickelt bleibt abzuwarten. Ob das „alte und historische" Bergedorf noch zeitgemäß ist, bleibt dahingestellt. In vielen Gesprächen habe ich auch Bergedorf-Befürworter gefunden, die Bergedorf, wie es jetzt ist, schön finden, wobei „Schön" sicherlich eine Ansicht des Betrachters ist.

Eine gute Freundin von mir äußerte sich einmal so:

„Deine Idee und deine Begeisterung für das alte Bergedorf und deine Facebook-Seite mit den ganzen alten Aufnahmen finde ich toll, aber so negativ, wie Du Bergedorf siehst, finde ich es nicht!"

„Negativ ist vielleicht das falsche Wort – kritisch passt vielleicht besser! Dafür ist in den letzten Jahrzehnten ganz einfach zu viel mit Bergedorf passiert."

„Das ist sicherlich richtig, aber wem ist das denn noch bewusst? Die heutigen „Mittdreißiger" und die „Kiddies" von heute interessiert doch in erster Linie, wo kann ich schnell und günstig einkaufen ohne lange Strecken zu fahren und wo ist was los?"

„Stimmt schon, was Du sagst, die Anfang bis Mitte der 70er Jahre geborenen sind schon in der Zeit der Supermärkte, Ladenzeilen und Einkaufscentern aufgewachsen. Gerade das Konsumverhalten der betroffenen Einwohner hat sich gewaltig zu der 50er und 60er Jahre-Generation geändert. Ich geh mal zum

Milchmann (nimm die Flaschen mit!) oder es klingelt, der Eis-
mann kommt, waren damals in aller Munde."

„Andere Zeiten, andere Sitten! Heute freuen sich die Kiddies auf
viele trendige Klamottenläden, Handyshops und Fast Food Tem-
pel. Schöne Ecken zum „Chillen" und vielleicht eine Beachbar
wären natürlich auch noch cool. Ab und zu eine Stadtfest mit
toller Musik oder eine andere Veranstaltungen machen gerade
bei der Gruppe der ab 1980 geborenen vieles interessant und
Bergedorf liebenswert. Hafenfest, Stadtfest, Mittelalterfest, das
ist das, was die Kiddies und die 80er brauchen. Deswegen kann
man meines Erachtens nicht alles schlecht reden."

„Feste, Feuerwerk und Einkaufstempel gibt es aber auch in jedem anderen Stadtteil. Dort sind es meiner Meinung nach „Eye-
catcher" um von dem traurigen Restbild des Stadtteils abzulen-
ken. Wie in Bergedorf?"

„Für Familien mit Kindern ist in Bergedorf gut einzukaufen und es
gibt schöne Ecken hier die mich bewogen haben, hierher zu zie-
hen. Ich lebe gerne in Bergedorf."

„Ja, da gebe ich Dir absolut recht, nach wie vor gibt es schöne
Ecken in und um Bergedorf, doch sie werden immer weniger und
davor warne ich. Das Bewusstsein, das Altes, wenn es erst einmal zerstört ist, nicht wieder auferstehen kann, ist vielen nicht

bewusst oder leider auch egal. Im Zeichen der „Ex und Hopp-Gesellschaft" heißt es dann: Dann bauen wir halt etwas Neueres und Tolleres, damit der Zeitgeist befriedigt ist."

Ist das der Weg?

Ich hoffe nicht!

Die Geschichte von Frl. Dora

Während ich im Mai 2013 einige Passagen meines Buches bearbeitete und recherchierte stieß ich eines Tages auf Fräulein Dora!

Was hat es mit Fräulein Dora auf sich, wer war Fräulein Dora und/oder was führte sie in Schilde?

Also, wie gesagt, eines Tages schaute ich mir meine Sammlung alter Postkarten aus Bergedorf und Lohbrügge an um zu sehen, welche ich für dieses Buch zum Veröffentlichen nutzen könnte. Dabei fiel mir folgende Postkarte auf, die ich bisher nur mit dem Auge des Betrachters des historischen Bergedorfs/Sande gesehen hatte. Jetzt fiel mir aber die besondere Schrift auf und ich war sofort Feuer und Flamme.

Was verbirgt sich hinter diesem Text?

Sande bei Bergedorf, 29.2.01.

Verlag & Lichtdruck v. Knackstedt & Näther, Hamburg. 3

Die Ansichtskarte von Sande bei Bergedorf aus dem Jahre 1901 war an Fräulein Dora Jefs in Lütjenburg/Ostholstein Gasthof zum Landhaus gerichtet.

Handelt es sich um Zeilen eines Liebespaars? Hat ein Paar eine nicht standesgemäße Beziehung gehabt und durfte sich nur im Geheimen treffen und Nachrichten austauschen, um ja nicht entdeckt zu werden?

Wurden geheime Nachrichten von Kommunisten oder Sozialisten hier ausgetauscht?

Sollte ein Verbrechen geplant werden?

Sind es Mitteilungen von Schmugglern?

Handelt es sich um Geheimschriften aus Karl May oder Jules Verne Büchern?

Eine bedeutende Rolle spielen Geheimschriften bei den beiden großen Meistern der Trivialliteratur im dritten Drittel des 19. Jahrhunderts - Jules Verne und Karl May. So unterschiedlich diese beiden Schriftsteller waren, so unterschiedlich behandelten sie auch kryptographische Themen. Die Kryptologie ist eine Wissenschaft, die sich mit Informationssicherheit beschäftigt

Geheimschriften kommen bei Karl May z.B. in folgenden Situationen vor:

Verbrecherbanden und Verschwörer -- heute würden wir sagen, Vereinigungen der organisierten Kriminalität -- kommunizieren untereinander. Dabei verwenden sie einfache Substitutionschiffren, etwa verschobene Alphabete, oder einfache Transpositionen, meist nur in umgekehrter Richtung geschriebenen Text.

Zusammenfassend kann man sagen, dass bei Karl May explizite Beschreibungen von Geheimschriften nur für ganz einfache Fälle gegeben werden, schwierigere Chiffren werden ohne Einzelheiten angedeutet. Für die Kryptologie geben seine Romane, im Gegensatz zu Jules Verne folglich wenig her, eine echte Kryptoanalyse kommt nicht vor. Die Faszination, die von Geheimschriften und deren Entzifferung ausgeht, vermag Karl May aber durchaus zu vermitteln.

Hier ein Beispiel aus dem 15. Jahrhundert!

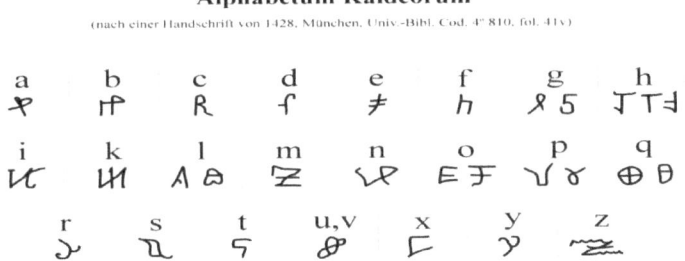

Alphabetum Kaldeorum

(nach einer Handschrift von 1428, München, Univ.-Bibl. Cod. 4° 810, fol. 41v)

Auch Hausierer haben/hatten Ihre eigene Geheimsprache

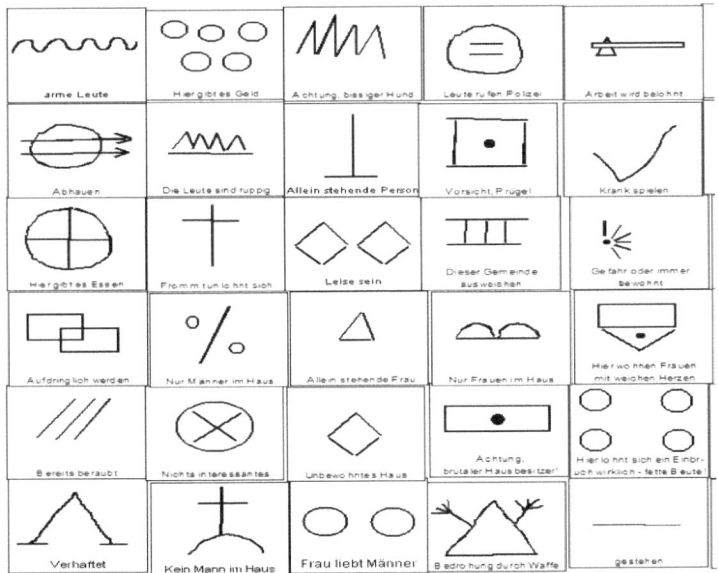

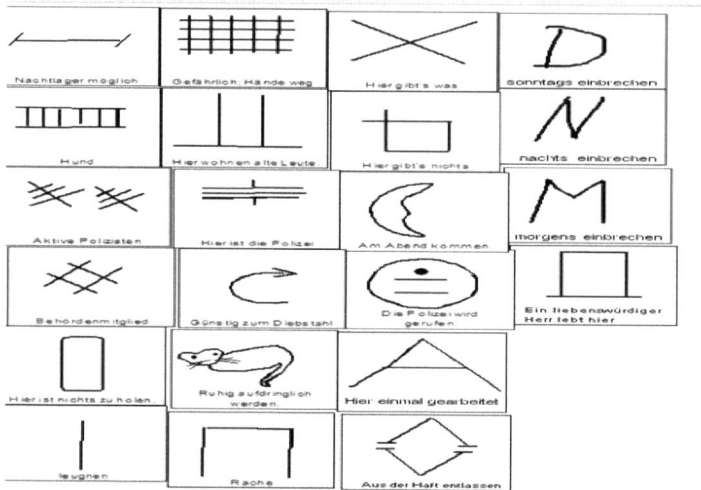

Letztendlich habe ich bisher keine Antwort gefunden, was es mit Fräulein Dora auf sich hatte. Ein weiteres Geheimnis des sagenumwitterten Bergedorf, das vielleicht nie gelöst wird. Oder können Sie, lieber Leser, weiterhelfen?

Die Kanonenkugeln

Ein anderes Mysterium, Legende oder auch Geheimnis handelt von den einzementierten Kanonenkugeln, die im damaligen alten Schlosstor, dass Ende der 60er Jahre abgerissen wurde (die Feuerwehr passte nicht durch das Tor), zu sehen waren. Meine Eltern machten mich immer wieder auf die Kanonenkugeln aufmerksam, die aus dem Gefecht um das Bergedorfer Schloss stammten. Ich fand das als kleiner Steppke richtig spannend, weil für mich das natürlich auch plausibel erschien. Leider ein Märchen!

Bergedorf wurde nie mit Kanonenkugeln beschossen, zu mindestens nicht in der Zeit, in der das Tor sein kurzes Dasein fristete (1875 – 1969). Die Kanonenkugeln wurden bei einer Säuberung des Schlossgrabens gefunden, in dem sie als wertlose Munition hineingeworfen wurden. Noch heute werden im Wall- und Schlossgraben immer wieder Kanonenkugeln gefunden, die aber aus einer ganz anderen Zeit stammten.

Passend zu der Geschichte mit den Kanonenkugeln wurde ich mit einer anderen Geschichte konfrontiert, die für mich, als alter Bergedorfer/Lohbrügger, vollkommen neu war und die ich bisher auch noch nie von einem Anderen gehört hatte. Eines Tages erhielt ich eine Information und ein Bild über eine Pulverkammer, die im Außenwall des Schlosses untergebracht ist/war. Diese Pulverkammer wurde Anfang der 60er Jahre kurzfristig freigelegt und dabei vermutlich ein Foto gemacht.

Weitere Informationen habe ich in der Zwischenzeit zur Pulverkammer nicht herausgefunden. Ein neues Geheimnis?

Vielleicht weiß jemand ja mehr?

Werbung in Bergedorf

Mitunter ist es ja so, dass man bei allem Interesse für ein be-
stimmtes Thema auf einmal über Nebensächlichkeiten stolpert
und sich fragt, was steckt eigentlich dahinter.

So kam die kleine Geschichte über das geheimnisumwitterte Frl.
Dora zu Stande und bei der Durchsicht meiner alten Postkarten
stach mir wieder ein anderes Detail ins Auge. Ich war gerade in
eine alte Postkarte vom Schleusengraben detailverliebt vertieft.
Auf einmal fiel mir eine Werbung auf einer Hausmauer auf von
einem Artikel, von dem ich noch nie etwas gehört hatte und der
Forscherdrang packte mich

Bergedorfer Schleuse um 1900

An der rechten Hauswand konnte ich folgende Werbung erkennen:

Margarine, Butter Mohra – was soll das denn sein? Nie gehört! Das schrie ja förmlich nach Recherche und vielleicht einer neuen spannenden Geschichte:

Die Postkarte war aus dem Jahr 1901, also forschte ich erst einmal in Werbeanzeigen aus der damaligen Jahrhundertwende. Schnell wurde ich fündig, da die Marke „Mohra" um das Jahr 1900 weit verbreitete war und mit heutigem Blick extrem merkwürdige Werbung machte. Dazu muss man sich vielleicht noch darauf besinnen, dass zu der Zeit der Status des „Herrenmenschen" sehr stark ausgeprägt war und „Untermenschen" für

Werbezwecke missbraucht wurden. Farbige wurden zum „Sarotti-Mohr" oder wurden für Mohren-Seife oder Mohrenköpfe Werbung missbraucht. Dreißig bis vierzig Jahre später haben wir ja noch in Erinnerung, wohin dieses „Herrenmenschen-Denken" führte – aber das ist ein anderes Thema!

Man vermutet, dass die heute noch so benannte Mohrenstraße in Berlin-Mitte, in der sich zeitweise die Sarotti-Fabrik befand, den Grafiker dazu inspirierte, einen Mohren als Markenzeichen zu wählen.

Die Mohrenseife arbeitet vor allem mit dem Kontrast von Weiß und Schwarz. Das Produkt, die Seife, verspricht dem Konsumenten, sich "weißwaschen" zu können. Seife wird hier zum Fetisch der (weißen) Zivilisation (aus „Mohren" – Eine Stereotyp in der Alltagskultur von Joachim Zeller und Keiko Wegmann).

Bekannt wurde das Thema ja schon ab dem Jahre 1875 mit den damals unglaublichen Völkerschauen im Hagenbeck Tierpark.

Kaiser Wilhelm II. besucht 1909 eine Gruppe Äthiopier bei einer Völkerschau im Tierpark Hagenbeck.

Das Konzept der Hamburger Völkerschauen bestand darin, die Menschen mitsamt ihren Behausungen und Gerätschaften zu zeigen.

Was hat jetzt die Mohra-Werbung mit dem Thema zu tun? Hier hatte ich einige Zeit später einen interessanten Zeitungsartikel aus dem Jahre 1906 gefunden, der hierzu die Verbindung brachte:

«Mohra-Margarine» von vier Afrikanern in der Stadt verteilt

10. März 1906. Große Aufmerksamkeit erregten am heutigen Vormittag «vier Schwarze, waschechte Afrikaner», die in schmucken Uniformen durch die Finsterwalder Straßen zogen.

Aus ihrem Tornister verteilten sie kleine Probekartons mit «Mohra-Margarine» und bunte Broschüren. Der Niederlausitzer Anzeiger war sich sicher, dass «unsere Hausfrauen sich die günstige Gelegenheit nicht entgehen lassen werden» . (Originaltext)

Bei der Mohra-Werbung für Butter und Margarine handelte es sich tatsächlich um eine damals weit verbreitete Werbung von Margarine als Butterersatz von der Firma A.L. Mohr AG aus Bahrenfeld.

Die Margarinefabriken von Jürgens und van den Bergh in Oss
waren die ersten Europas, und sie profitierten von Anfang an von
der weitgespannten Markterfahrung ihrer Gründer. Zielsicher
packten die Händler-Fabrikanten das neue Fett des kleinen
Mannes, anfangs auch Butterine genannt, mit Hilfe eines dichten
Verteilernetzes auf die Ladentheken der Arbeiterviertel, zunächst
in England, bald aber auch in Deutschland und den anderen jungen Industriestaaten.

So erwarb Jürgens 1902 die deutschen Firmen Rositzky & Witt in
Altona und Krog & Ewers in Flensburg. Zwei Jahre später konnte
er den größten deutschen Konkurrenten, A. L. Mohr in Altona-
Bahrenfeld, auskaufen, dem nicht nur das Kapital, sondern auch
die Käufer ausgeblieben waren, als seine Margarine in einen

Skandal verwickelt war, als ein Emulgator Krankheiten verursachte. (aus der Spiegel 40/1960).

Jürgens, van den Bergh und Lever waren letztendlich die Gründungsväter von Unilever und die Firma Mohr mit Ihrer Mohra Margarine ein Bestandteil dieser, aus der sich später solche Marken wie Sanella und Rama entwickelten.

Beim näheren Hinschauen fielen mir in Bergedorf viele weitere größere Werbeflächen auf, die teilweise noch heute versteckt zu erkennen sind:

Im April 1992 habe ich bei einem Rundgang in Bergedorf diese freigelegte Werbung an einem Pfeiler vom Bettenhaus Demmin entdeckt.

Erdgas Werbung 80/90er Jahre. Leider schon etwas verwittert (UFA oder ATA-Werbung?) an der Eisenbahnbrücke.

Histor und Farben Schmidt Werbung

Gebäude stand zwischen dem heutigem Finanzamt und der Alten Holstenstrasse.

Persil und Maggi-Werbung aus dem frühen 20. Jahrhundert

Bergedorf Beer

Originale aus meinen alten Photonegativen

Impressionen aus dem alten Bergedorf:

In den letzten Tagen sind mir von einem Verwandten noch einige schöne Bilder aus dem Bergedorf der 50er und 60er Jahre mitgegeben worden, die ich noch für das Buch nutzen wollte.

700 Jahr Feier Bergedorf

Bergedorfer Markt

Sachsentor

Hinter den Querstraßen (Achterdwars)

Dwarstwiete

Postkarten:

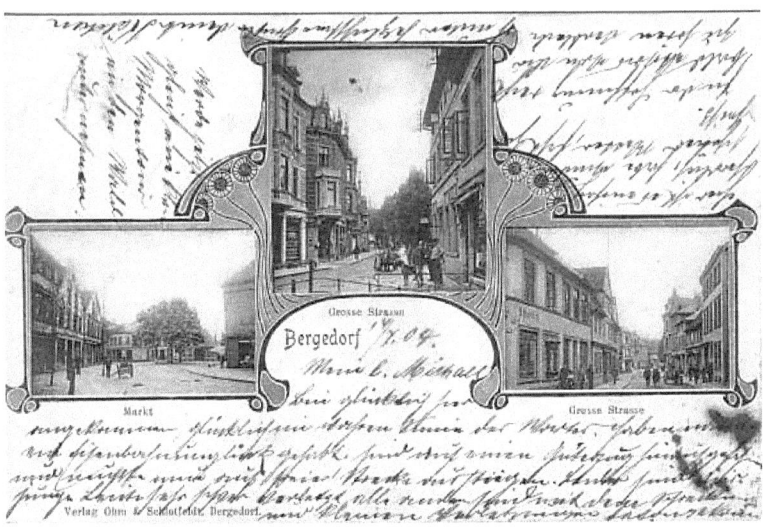

BERGEDORF   Mohnhof und Sachsenstrasse

Sande-Bergedorf von der Vogelperspective.

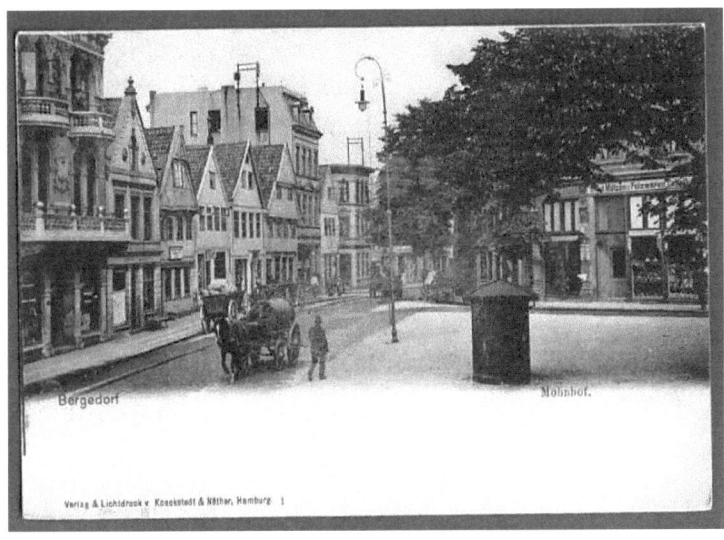

Bergedorf — Mohnhof.

Verlag & Lichtdruck v. Knackstedt & Näther, Hamburg.

Mohnhof

Restaurant und Weinstuben Emil Holdmann, Bergedorf,
Kaiser Wilhelmplatz 1.

Sande · · Holsteinischer Hof · · Panorama ·

Bergedorf · Blick n. d. Brauerstraße

118

Schlusswort:

Nachdem es in diesem Jahr scheinbar groß in Mode gekommen ist, Bücher über Bergedorf zu veröffentlichen, musste ich mich natürlich auch noch dazu gesellen.

Ob und in welcher Form mit diesem Buch etwas Neues und Wissenswertes über Bergedorf hinzugekommen ist, sollten Sie, liebe Leserinnen und Leser, selbst beurteilen. Mein Ansatz war, verschiedene Generationen zu Wort kommen zu lassen und deren Geschichten zu erzählen, damit sie nicht vergessen werden.

Interessant fand ich bei meinen Recherchen, wie viele jüngere Bergedorfer sich mit dem heutigen Bergedorf arrangiert haben und scheinbar zufrieden sind. Ist es der neue Zeitgeist, Gleichgültigkeit oder ein neues Wertegefühl? Ich kann es nicht beurteilen.

Mein Buch soll jedenfalls einen Anreiz bilden zu versuchen, das Bestehende zu bewahren und mit einem kritischen Geist politische Entscheidungen zu hinterfragen.

Besuchen Sie mich auch gerne auf meiner „Bergedorfer-Facebookseite"

https://www.facebook.com/BergedorferFotosVonDamalsBisHeute

Ich hoffe, das Bergedorf nicht untergeht!

Ich möchte mich noch recht herzlich allen Freunden, Bekannten und Verwandten für die Unterstützung danken, die mir geholfen haben dieses Buch zu veröffentlichen.

Ein besonderer Dank geht an

Rolf und Ingrid Hartmann

Reinhard und Marie Luise Oldekop

der Bergedorfer Zeitung

sowie vielen, die mir mit Bildmaterial und Informationen weiterhelfen konnten und mich zu diesem Buch animiert und inspiriert haben.

Leider konnte ich das Buch nicht in Farbe auflegen lassen, da der Preis für das Buch ansonsten bei circa 20 Euro gelegen hätte. Ich denke, dass in diesem Fall weniger mehr ist und Sie, liebe Leserinnen und Leser, trotzdem Spaß an diesem Buch haben.

Ronald Hartmann